En page couverture:

From the Sun Room, 1990
101.6 × 152.4 cm

En pages de garde:

Le jardin Bon-Accueil

CLAUDE A. SIMARD

Claude A Simard

André Juneau

CLAUDE A. SIMARD

Traduction de Kathleen Chabot
et Michel De Repentigny

Préfaces de René J. Marin
et Alan Klinkhoff

Les Presses de l'Université Laval
Sainte-Foy, 1991

Données de catalogage avant publication (Canada)

Juneau, André, 1943-
Claude A. Simard
Texte en français et en anglais.
ISBN 2-7637-7269-2
1. Simard, Claude A., 1943- . 2. Peintres – Québec (Province) – Biographies. I. Simard, Claude A., 1943- . II. Titre.
ND249.S55J86 1991 759.11 C91-096590-0F

Juneau, André, 1943-
Claude A. Simard
Text in French and English.
ISBN 2-7637-7269-2
1. Simard, Claude A., 1943- . 2. Painters – Quebec (Province) – Biography. I. Simard, Claude A., 1943- . II. Title.
ND249.S55J86 1991 759.11 C91-096590-0E

Cet ouvrage a été publié grâce à une aide financière de M. Charles Rochette ainsi que de la Direction Culture et Sport des Affaires extérieures et Commerce extérieur Canada.

Dépôt légal (Québec et Ottawa), 3e trimestre 1991

ISBN 2-7637-7269-2

Préface

L'artiste et ses oeuvres

Claude A. Simard est natif de Québec. Après des études professionnelles en communication visuelle au Ontario College of Art de Toronto, il est reçu « Associate of the Ontario College of Art » en 1966. Il pratique le graphisme jusqu'en 1984. Il se consacre par la suite à la peinture et à l'enseignement: il est professeur titulaire à la Faculté des Arts de l'Université Laval.

Non seulement Simard a-t-il exposé dans les plus grandes villes de l'Ontario et du Québec, mais il est aussi représenté à Calgary et Edmonton en Alberta. Plusieurs sociétés et organismes canadiens lui ont donné la responsabilité d'exécuter des murales pour leur siège social respectif; d'autres sociétés ont inclus des Simard au sein de leur collection principale. Mentionnons entre autres Bombardier, Alcan, la Banque Royale du Canada, Esso Resources, Hydro-Québec, Montreal Trust, Standard Life et Ken Thompson Corporation.

La Société canadienne des postes lui fait l'honneur à deux reprises de lui demander de dessiner ses timbres-poste à l'occasion de la fête de Noël. En 1983, il produit trois timbres et en 1987, il en produit quatre; ces deux commandes ont connu un tirage de 100 000 exemplaires.

Ce Canadien jouit d'une grande réputation à la fois comme artiste et humaniste. S'il a abandonné le graphisme, c'était pour s'adonner à ses grandes passions: la peinture et l'enseignement. Le lien entre les deux est évident, puisqu'il peut exprimer sur toile et à ses élèves sa pensée, ses émotions et sa vision d'artiste. En avril 1983, il confie à son journal: « Je sais très bien que le plaisir de peindre ne vient pas de l'extérieur, mais de l'intérieur ».

Il est membre de l'Académie royale des Arts du Canada depuis 1983, membre de la Société des Graphistes du Québec (dont il est un des fondateurs) et membre élu du New York Society of Illustrators depuis 1977.

Preface

A visit to the home and studio of Claude A. Simard is a luxury that regrettably I had not enjoyed since a number of months. As is customary, if one's visit is in season, the introduction to Claude A. Simard's private world begins with a tour and inspection of the garden, appropriately named "Jardin Bon Accueil", which flourishes under his watchful eye and gentle care. We discuss the changes in the garden since my last visit and a few projects for the next.

Today's visit includes some time in his spacious studio, flushed with natural light, the sounds of Glen Gould's "Goldberg Variations" creating an atmosphere of tranquility, and a primed canvas in its preliminary state on the easel.

Claude A. Simard's growing public enjoys his vision as they visit exhibitions of his paintings, diverse in subject matter and constantly evolving in their style. A casual spectator of Claude A. Simard's work cannot fully understand the commitment and discipline he devotes to his research. His charming and lovely wife Huguette, an important source of inspiration, doubles as gate-keeper to her spouse's "private world" assuming all the non-painterly responsibilities of the artist's profession. The nature of this relationship allows the artist to better concentrate his thoughts and energy on the pictorial expression of his ideas.

Those who are introduced to Claude A. Simard by this book will discover a world of excitement, of freshness and the dynamic forces at work within the artist. Others, who have watched his paintings evolve over the years, will welcome Mr. Juneau's insightful analysis of Claude A. Simard's career. The artist has matured. Mr. Juneau's remarkable insights are complemented by several reproductions, representative selection of Claude A. Simard's paintings. This book is as exciting as it is overdue.

Alan Klinkhoff

Marié et père de deux filles, il demeure à Sainte-Foy, dans la banlieue de Québec.

Ses toiles sont douces. Elles reflètent une grande richesse de coloris, une spontanéité, une grande sincérité et une fraîcheur d'âme: elles inspirent le calme et la sérénité. Elles sont le miroir de sa personnalité, sereine et paisible; il aime ce qui est beau et ce qui est doux. En inspirant la paix et le calme, elles reflètent tout de même le talent de l'invention.

Ses oeuvres reflètent deux époques. Avant 1984, c'est le graphiste, celui qui exécute un travail dirigé: scènes de la vie quotidienne, scènes anecdotiques, historiques, beaucoup de fleurs et de végétation. La deuxième période est plus diversifiée sur le plan des couleurs, des matériaux et des sujets. À son répertoire viennent s'ajouter une plus grande liberté, un plus vaste inventaire de couleurs et ses oeuvres sont plus personnalisées. Simard se manifeste librement. Sa vie de chaque jour est souvent reflétée dans ses oeuvres: son jardin, un boisé, le potager, bref les objets et les personnes qui l'entourent. Le tout est exécuté avec passion et confiance, toujours avec une harmonie croissante de couleurs, de lumière et de fraîcheur. Quel équilibre!

Il confie à son journal en juin 1987: « La couleur, ça ne s'achète pas en tubes, ce n'est que dans sa tête qu'on la retrouve ». Il ajoute en juin 1989: « Quand on a appris le sujet en le regardant, en le dessinant, on peut mettre de côté tous les dessins et les peindre de mémoire avec le coeur ».

C'est un artiste accompli, un professeur exemplaire, un artiste hautement apprécié des Canadiens.

Ottawa, Canada, septembre 1990
L'honorable René J. Marin
Vice-président
Conseil d'administration des
Musées nationaux du Canada
(1979-1984)

Les toiles de Claude A. Simard m'apparaissent comme des ouvertures indiscrètes permettant de s'introduire dans un univers privé. S'efforcer de comprendre l'artiste, de saisir sa vision du monde, tenter de partager ses émotions, de découvrir la clef de son langage, voilà des occasions intéressantes pour qui veut scruter son oeuvre. Pour apprécier ce que le peintre propose, il faut, sans doute, souscrire quelque peu aux valeurs qui orientent sa créativité.

Chaque tableau présente une démarche où se crée un lien privilégié entre l'artiste et son public. Le peintre propose une vision de son intérieur à l'observateur qui découvre, apprivoise et même explore un monde nouveau. Quel plaisir pour l'artiste de voir transcrire sur sa toile l'expression de sa pensée, de son émotion! Cette joie qui éclate comme la nature aux premières chaleurs du printemps, se reflète dans le regard de complicité de celui qui apprécie l'oeuvre, en découvre toute la richesse intérieure.

La peinture de Simard évolue au rythme des saisons. Ses expériences créent sa ligne de vie et ses oeuvres nous en font voir le cheminement harmonieux. Qu'il s'agisse d'oeuvres résumant la production de plusieurs mois d'un travail assidu ou encore d'une réflexion concernant une étape de sa vie, je vous convie à partager la pensée, l'émotion de l'artiste. Voir sans préjugés les lignes et les couleurs, se laisser imprégner par la vie calme et sereine qui habite ses tableaux, voilà ce que je propose au lecteur.

J'ai trouvé beaucoup d'intérêt à parcourir le journal qu'a tenu Claude A. Simard d'avril 1983 à décembre 1989 et qu'il a généreusement mis à ma disposition. Cette lecture, ponctuée de dessins et parfois même de poèmes, m'a peu à peu introduit dans une réflexion au quotidien où l'artiste lève le voile sur ses préoccupations. J'ai eu plaisir à découvrir son univers et à tenter de saisir les relations qu'il entretient avec un environnement qui module son travail de création.

Jour après jour, au fil des saisons, à travers joies et difficultés, il travaille avec passion. Son journal décrit une démarche, encadre des réflexions et nourrit une vie en constante évolution. C'est là l'instrument privé de l'expression du peintre. Les tableaux sont, quant à eux, livrés à un public plus large; ils sont destinés à émerveiller tous ceux qui sont capables d'émotion devant cette représentation de la couleur et de la forme. Participer à l'aventure de création, partager un peu les angoisses et l'enthousiasme de l'artiste devant son oeuvre, c'est là mon intention.

« Quoiqu'on ne peigne pas pour les autres, mais pour soi, je dois confesser un certain plaisir aux remarques que je crois honnêtes. Mais, je sais très bien que le plaisir du peintre ne vient pas de l'extérieur mais de l'intérieur. Plaisir égoïste, petit et passager ».

Journal, 12 avril 1983.

La majorité des oeuvres reproduites dans cet ouvrage couvre une période clé dans la vie du peintre: les années décisives où Simard prend un virage fondamental dans son travail. Il abandonne alors une carrière liée à la communication du message des autres pour se consacrer à l'expression de sa propre pensée et de son émotion à lui. Ce choix objectif, indépendant, doit le conduire à une plus grande liberté d'expression: quitter la communication graphique pour se consacrer totalement à la peinture et à l'enseignement en communication visuelle à l'Université Laval.

C'est en mai 1984 que se concrétise cette volonté, ce désir intense de réserver la majeure partie de son temps, peut-être sa vie, à peindre ses états d'âme. Après plus de dix années d'un travail partagé entre le graphisme, la création artistique et l'enseignement, après plusieurs années de prospérité dans ce métier de la communication, pourquoi cette volonté irrésistible de réaliser un changement profond?

« L'illustrateur n'a rien à dire. Il écoute. Il résume. Il traduit. Du mot à l'image. Du mot de l'« autre » à

l'image de l'« autre ». C'est une tâche qui ne me convient pas. Je n'y trouve rien à « faire ». J'écoute et je traduis mal. Je déforme. C'est la peinture qui vient reprendre le dessus. Sa place. Son royaume. Ses gestes. Son rituel ».

Journal, 25 avril 1983.

La peinture a insidieusement accaparé tout l'espace. Elle est apparue sous son vrai jour, offrant liberté, risque, hasard, émotivité. Simard fait son choix, un choix qu'il vous propose de partager en découvrant sa production, en participant à l'évolution de sa peinture au cours de ces dernières années.

Se consacrer totalement à la peinture n'implique cependant pas l'abandon de l'enseignement. Simard associe cette activité comme élément important de sa créativité. Communiquer à des étudiants le désir de s'exprimer, de développer leur spontanéité, de cultiver la liberté du geste et de l'expression, voilà ce qui alimente sa pensée. Tout comme son journal lui permet d'organiser, de structurer ses idées, l'enseignement stimule sa réflexion intérieure.

Comme professeur, il est forcé de maintenir et de développer un contact constant avec l'extérieur, au-delà d'un environnement qui pourrait peut-être devenir restreint. C'est un travail stimulant. À la manière du sculpteur, il montre aux étudiants à chercher le caractère, la ligne de force, la forme à développer, à privilégier et à exprimer. Il dirige l'étudiant, valorise ses traits de caractère, l'aide à découvrir toutes les richesses que recèle sa personnalité.

Simard transpose, dans son oeuvre, la réalité de ses expériences quotidiennes. Son métier mûrit dans la contrainte; le graphiste talentueux et respectueux de son interlocuteur a développé une discipline qui a façonné son univers artistique. Il a conquis patiemment et savamment sa liberté, rêve éternel mais souvent éphémère dans nos sociétés modernes. Ce travail d'illustrateur a servi à étoffer son art, à moduler ses pensées et à régir sa production jusqu'en 1984.

Les toiles de cette période présentent la vision d'un chroniqueur à la recherche d'une liberté plus grande, plus généreuse permettant ainsi l'exploration d'un univers sans limite. Avant 1984, le peintre tente de briser l'ensorcellement des commandes, de se libérer des caprices d'un travail dirigé, de trouver enfin les moyens de s'exprimer sans intermédiaire, sans filtre, sans la censure du client. Il peint des scènes de la vie quotidienne, des scènes anecdotiques, il explore des formes et des couleurs, les équilibre, les définit; il privilégie souvent l'expression figurative. Tout comme l'historien, l'archiviste ou même le photographe, il emmagasine des images, accumule des photos, recueille en somme sa documentation. C'est le long apprentissage qui permettra le passage vers la liberté d'expression et de création si chère à l'artiste. Les sujets sont diversifiés, à la fois poétiques, historiques, heureux, parfois nostalgiques. Simard observe, enregistre des images saisies au hasard du quotidien.

« Une photo à la fois ne vaut absolument rien. C'est l'ensemble qui est intéressant, l'évolution, la continuité, les changements que l'on ne peut constater que lorsque les choses sont organisées ».

Journal, 14 et 15 janvier 1983.

Toutes les expériences le fascinent. L'important c'est d'être attentif, de se laisser imprégner lentement de ce qui sera un jour à la source d'une production plus libre, moins illustrative, davantage émotive. Son travail se poursuit inlassablement, recommençant, redécouvrant, recherchant une nouvelle expérience. Cette façon de faire, de voir, d'observer est bien reflétée dans certains passages inscrits dans son journal.

« ... l'artiste qui n'expérimente pas ferait bien de ranger ses pinceaux ».

Journal, 7 janvier 1989.

Sa peinture deviendra rapidement une passion. Il n'aura jamais assez de temps pour peindre. Son album d'images glanées jour après jour, comme graphiste au service des entreprises, des organismes, ses expériences humaines nombreuses lui offriront désormais l'assurance nécessaire pour rompre les liens qui le retenaient à un métier dont l'absence de liberté freinait l'inspiration. Années préparatoires décisives qui lui ont permis de planter des jalons essentiels pour sa nouvelle carrière. Les oeuvres de cette période paraissent comme des signes importants dans sa production ultérieure. Dès 1984, commenceront à germer des thèmes nouveaux, à se manifester plus librement une création longuement alimentée et sagement mûrie par la vie quotidienne. La précarité du graphisme, comme source d'expression personnelle et intime, sera remplacée par la relation quotidienne du peintre avec son univers intérieur.

L'enseignement obligera Simard à confronter son nouvel univers, plus intimiste, à la vivacité, à l'ingéniosité, à la naïveté des étudiants qui l'entourent, l'interrogent et le regardent. Ils attendent de lui la stimulation dans l'apprentissage d'un métier, d'un art auquel ils aspirent. Il leur fait voir l'importance de la spontanéité, le goût de l'originalité, de l'audace et du risque. Il leur apprend à regarder, à s'interroger, à se découvrir.

Avant ce tournant décisif qui a marqué une nouvelle orientation dans la carrière de Claude A. Simard, le public a pu être en contact avec son oeuvre par le biais d'expositions solos ici même à Québec, à Montréal et à Ottawa, et ce dès 1974.

Pendant ces années, Simard réalise plusieurs sérigraphies, crée des murales; par exemple en 1982, celle de la Compagnie pétrolière Impériale Ltée (Esso) à son siège social de Montréal. Une autre réalisation du peintre graphiste fut la série de cinq murales, de grande dimension, illustrant les grands moments de l'histoire du Fort Chambly pour le compte de Parcs Canada.

Durant cette étape de sa carrière, la compétence du peintre graphiste lui valut, en 1972, le premier prix, dans la catégorie « sigle » lors du Gala de la Publicité de l'Est du Québec. D'autres travaux en graphisme ont été sélectionnés pour faire partie de deux expositions dont une qui a parcouru le pays tout entier et l'autre qui s'est arrêtée à Milan, en Italie. Ajoutons aussi que Simard a été élu en 1983 membre à part entière de l'Académie Royale du Canada.

En 1984, donc, nouveau choix de vie. Peindre et enseigner constituent désormais le cadre qui va délimiter ses préoccupations. Examinons de plus près maintenant où ce cheminement l'a conduit.

■ ■ ■

Commenter l'oeuvre d'un peintre demeure toujours une tâche hasardeuse. Nous devons chercher à éviter les affirmations réductrices sur un univers intérieur qu'il ne sera jamais possible de saisir dans sa globalité.

Maintenant qu'il « s'est mis en condition de peindre », comme il dit, Simard s'alimente au coeur de la stabilité, de la sécurité, de la constance, d'un environnement connu et maîtrisé, d'un univers où tous les rapports sont fixés, établis.

« Je ne suis pas un être du provisoire. Je n'aime que les choses durables, faites pour longtemps ».
Journal, 16 mai 1989.

Chez lui, c'est cette stabilité, cette fidélité, qui permet à l'émotion de devenir le véhicule principal de l'expression artistique. Son atelier, sa maison, son jardin demeurent les lieux privilégiés où il s'exprime le plus librement. Lieu d'observation, de référence, lieu apprivoisé et familier. L'appropriation nécessaire de cet environnement, la connaissance détaillée du milieu, lui assurent une plus grande liberté.

Son jardin, ses fleurs deviennent lieu de vie, lieu sacré, à l'ombre de la maison familiale, cadre exceptionnel pour sentir la matière, faire éclore la lumière, célébrer les heures et les saisons. Ses sources d'inspiration, ses émotions les plus riches sont enfouies au coeur de son univers quotidien, dans le magnifique isolement d'un carré de ciel entouré d'arbres.

Simard a besoin du contact avec la nature. Il adore planter des fleurs, « jouer dans le jardin » comme il dit. Cette nature dont il s'inspire, qui l'émerveille, est devenue un de ses sujets préférés et elle a contribué à lui ouvrir tout grand le chemin vers une liberté nouvelle. Il devient parfois difficile d'imaginer son oeuvre en dehors de ce cadre familier, de ce nid, lieu d'éclosion où s'exprime son geste créateur. C'est là qu'il redécouvre des aspirations et ressent des émotions oubliées. C'est là qu'il vit, au rythme de la nature, des saisons, du quotidien réapprivoisé. C'est là qu'il travaille sans cesse, à l'écart, en solitaire.

Je n'ai pas l'intention, pour avoir échangé avec le peintre sur cette question, de présenter une rétrospective de son oeuvre. Son journal m'a appris à connaître un peu plus l'homme, à saisir plus en profondeur son environnement, à dénicher sa source d'inspiration.

L'artiste propose toujours un voyage intérieur, accompagné d'émotions nombreuses où l'expérimentation joue un rôle de premier plan. Il n'y a pas de place pour l'habitude dans la création. L'insécurité courtise constamment les premières taches de couleur qui apparaissent sur la toile. L'artiste risque, recherche constamment à l'intérieur de lui-même les images les plus vraies qui hantent son imaginaire.

« Quand on a appris le sujet, en le regardant, en le dessinant, on peut mettre de côté tous les dessins et le peindre de mémoire avec le coeur ».

Journal, 20 janvier 1988.

Tout comme l'écrivain recherche avec acharnement des souvenirs qui l'ont ému, le peintre imagine certains moments privilégiés inscrits à jamais dans sa mémoire. Ce sont ces instants exceptionnels qu'il veut traduire dans un langage qui lui est propre.

« Je ne sais peindre que ce que je sens dans mon âme. Le tableau traduit l'état d'âme d'un moment[1]... »

Parfois inquiet, insatisfait de son travail, il notera dans son journal, comme pour se délivrer de l'angoisse qui l'habite, comme pour se redonner confiance:

« Quelle difficulté que de transmettre dans la matière une vision de l'esprit (...) mais la réalité n'est qu'imparfaite, incohérente, conditionnée par la matière qui est instable, conditionnée par la tolérance de celui qui la fait. La tolérance de l'imprécision, de l'imperfection. Il ne faudrait construire que dans l'esprit! »

Journal, 22 décembre 1987.

À tout hasard, Simard risque, décide, interprète ses moments d'émotion et les projette sur un canevas. En toute liberté, sans contraintes, il se lance dans un monde où l'intensité de l'émotion voisine à chaque instant l'incertitude. Il faut toujours recommencer, toujours rechercher, toujours redécouvrir. Il n'y a pas de place pour l'habitude, la monotonie. Le changement apparaît inlassablement au rythme des saisons comme une source de vie intarissable. Comment apprivoiser une nouvelle vision? Comment maîtriser un soudain désespoir? Comment contrôler des images qui se bousculent?

« Quel que soit l'objet poursuivi par l'artiste il demeure que la toile peinte devient un objet, une chose individualisée, totalement séparée de son inspiration et que cette chose sera perçue dans un contexte distinct de celui qui a donné lieu à sa création ».

Journal, 3 mars 1987.

Cette dernière réflexion du peintre décrit le désir de conserver, de protéger la source intérieure qui alimente sa production bien que l'artiste, en exerçant son métier, livre un peu malgré lui son imaginaire sur la place publique.

Mais, il y a chez Simard, une volonté de minimiser, de circonscrire la compréhension des mouvements intérieurs, d'où surgissent les oeuvres. S'agit-il là de pudeur? de crainte? Nous devons, je pense, y voir une frontière qui

1. Louis Bruens, *Trente peintres figuratifs du Québec*, Éditions du Trécarré, 1985, p. 157.

délimite un espace privé, espace qui appartient à l'artiste seul.

« L'art appartient à celui qui le regarde (...) Je n'associe plus aujourd'hui l'art à la notion de message. Je ne crois pas à l'art expliqué. Je juge inutile de traduire par des mots ce qui a été peint[2] *».*

Le peintre n'a évidemment pas à se justifier; il crée, il imagine, il invente. Il s'abreuve à son intérieur. Sa recherche, l'expression de son être sont volontairement situées au-delà des valeurs souvent éphémères de certains courants contemporains à la mode. Il souhaite exprimer des valeurs plus durables qui vont bien au-delà des temps et des modes, même si certains observateurs ont cherché à le cataloguer. Aussi faut-il examiner sa production sans explications superflues qui viendraient modifier sa pensée.

Les oeuvres historiques, les scènes de la vie quotidienne, les vieilles maisons, les fleurs, les bateaux et quoi d'autre encore représentent autant de voies qui ont été explorées dans les premiers travaux. Par la suite, la démarche de Simard évolue vers une plus grande intériorité. C'est chez lui, dans son jardin, dans sa ville qu'il retrouve un souffle créateur.

Le cycle des saisons influence beaucoup le peintre. Il déteste novembre et les longs mois d'hiver. Il attend toujours impatiemment la venue du printemps, sa saison préférée et après elle, celle de l'été. Assoiffé de couleurs, de lumière, c'est de l'univers simple et familier de son jardin que surgissent les plus belles images. Il s'en imprégne et elles alimenteront toute une série de toiles aussi lumineuses et douces les unes que les autres.

« Depuis plusieurs jours et peut-être semaines, je suis insatisfait de tout ce que je peins. Cette insatisfaction m'enlève la quiétude d'esprit dont j'ai besoin pour faire des toiles qui me plaisent.

Cercle vicieux...

Il me faut chercher à l'intérieur de moi-même et trouver le temps d'aller trouver dans l'observation de la nature l'inspiration qui me manque ».

Journal, août 1985.

Cette nature qui le stimule, dont il s'imprégne lui sert de prétexte pour jouer avec les formes, pour faire vibrer les couleurs, pour capter la lumière.

Un objet familier, un pot de fleurs sur le rebord d'une fenêtre lui laissent toute latitude pour exprimer sa joie, sa liberté, son émotion. C'est la magie de la couleur avec tout le symbolisme de la vie, de l'espoir, qui se dégage de ces compositions simples mais riches en contrastes. On sent les rayons du soleil frapper la fenêtre pour vivifier, éclairer cette nature exubérante que l'artiste protège des froidures dans son jardin d'hiver. Toutes ces fleurs expriment également une recherche d'éternité, une confiance dans une vie qui ne finira jamais et se perpétuera dans l'explosion de couleurs et de formes nouvelles.

« La couleur ça ne s'achète pas en tubes. La couleur, ce n'est que dans sa tête qu'on la trouve ».

Journal, 6 janvier 1987.

Parfois, les pots de fleurs quittent la fenêtre pour se retrouver sur la table ou encore sur le piano en attendant que l'été les accueille à nouveau au jardin. Mais, c'est toujours la même poésie de couleurs, la même harmonie de nuances, la même vivacité. Simard ne veut pas reproduire fidèlement ses géraniums, tulipes, zinnias, il veut plutôt rendre sur sa toile toute l'émotion qu'il éprouve à les regarder.

À d'autres moments, les fleurs sortent de la maison pour se retrouver dans une nature moins intimiste, à l'état sauvage, dans un sous-bois, une forêt secrète. Elles sont là, ilôts colorés, formant un tapis au pied d'arbres élancés. Elles ont quitté un cadre familier pour se retrouver dans un lieu où notre observateur sensible trouvera, encore une fois, la sérénité nécessaire au débordement de ses émotions.

---

2. Louis Bruens, *Trente peintres figuratifs du Québec*, Éditions du Trécarré, 1985, p. 157.

Dans une sorte de continuité, quittons maintenant la forêt pour pénétrer dans le jardin cultivé, soigné, encadré et protégé, *son* jardin. C'est sans doute ici, à l'ombre de sa maison, près des siens que l'artiste trouve la paix, la sérénité qui imprègnent ses toiles.

Entrecoupés de murets, de sentiers, se prélassant au pied d'une clôture de bois qui les borde, les contient, les protège, ces jardins magnifiques sont synonymes de fraîcheur, de joie de vivre. À travers toute cette végétation aux tons fluides de lilas, d'orangé, de rose, on distingue parfois, en arrière-plan, le toit incliné d'une maison ou encore la ligne ondulée d'une montagne. Tournesols, phlox, delphiniums, dahlias, tous ses jardins sont différents et nous apportent une bouffée d'air pur.

Il y a aussi ces représentations où les fleurs envahissent complètement l'espace. Gorgées de soleil, leurs couleurs explosent sans cependant troubler l'harmonie, l'équilibre. C'est la danse des couleurs, de la vie, de l'émotion.

Je m'en voudrais de passer sous silence l'interprétation que Simard nous donne des champs de tulipes qu'il a eu l'occasion de voir lors d'un voyage en Hollande. Impressionné par l'immensité de ces champs en damiers, à peine contenus par un horizon infini, d'un bleu intense, l'artiste, fidèle à son imagination, a su une fois de plus faire éclater la couleur. Il a su fixer sur la toile les souvenirs d'un lieu, d'un instant. Il a su nous communiquer toute l'émotion ressentie.

À l'occasion, comme on l'a vu, Simard quitte son oasis de paix, l'intimité de son jardin pour nous offrir des scènes de vie urbaine, des rues qui rappellent celles du vieux Québec, maisons, clochers, églises. S'il s'agit d'enfants agités au sortir de l'école ou encore de couventines se prélassant dans un jardin, le peintre les traite alors à la manière de bouquets de fleurs. Arrangées en pyramide, regroupées, petites taches de couleurs contrastant avec la grisaille de la ville.

Je n'entends pas ici circonscrire l'ensemble de l'oeuvre de Simard mais j'aimerais vous proposer un dernier regard sur un aspect de sa production plus récente. Depuis 1988, à la thématique bien reconnaissable des fleurs, l'artiste ajoute dans ses peintures, de plus en plus souvent, la présence de personnages surtout féminins. La couleur continue toujours de définir les formes et est encore le véhicule premier du cheminement des émotions. Cette association nouvelle de femmes, volontairement anonymes, souvent représentées d'une manière romantique, allongées, passives, ajoutent à l'intensité de l'émotion qui se dégage des oeuvres. Cette présence nouvelle, tendre, habite le tableau, l'anime davantage. Femmes et fleurs s'associent pour faire ressortir la vie.

Depuis 1984, l'oeuvre de Simard a continué de jouir d'une grande diffusion. Les amateurs ont eu l'occasion, à plusieurs reprises, de le voir ou de le revoir à Québec, Montréal, Ottawa, Toronto, Calgary et Edmonton. Ces toiles figurent dans les collections d'un grand nombre d'entreprises et d'organismes et sont aussi présentes dans plusieurs galeries.

L'oeuvre de Simard mérite qu'on lui accorde plus qu'un simple coup d'oeil. Ses toiles nous proposent une aventure, nous entraînent dans le rêve et la réflexion. Ses pensées, sa conception de l'art facilitent l'appréciation de son oeuvre. C'est une invitation à poursuivre, à partager avec l'artiste sa recherche de liberté et à vivre avec lui des moments d'intenses émotions.

To look at Claude A. Simard's paintings is like entering into a private world through a private entrance. His work offers a unique opportunity to understand an artist, to share his view of things, his emotions, to learn the meaning of artistic language. To fully appreciate this artistic experience, one must attempt to understand the values that inspire an artist.

Each painting represents a kind of venture where ties are created between the artist and his public. The painter shows his special personal views of the world and invites the viewer to discover and explore this new world and to make it his or her own. It is indeed a great source of pleasure for the artist to see his thoughts and emotions illustrated on a canvas. In turn, the artist's joy, bursting out like the first warmth of Spring, is reflected in the eyes of whomever looks at these paintings and discovers their meaning.

Simard's works follow the rhythm of the four seasons. His personal experiences sketch the paths his life follows and his paintings show the harmony of his artistic endeavour. Whether paintings are the result of several months of sustained work, whether they translate thoughts inspired by a given moment in the artist's life, you are invited to share his thoughts, his emotions, to overcome any prejudices you might have while looking at the forms and the colours of a painting, to delve into the serenity of Simard's art.

I read with great interest the personal diary Simard wrote from April 1983 to December 1989 and which he graciously allowed me to read. As I read these pages, sometimes illustrated with drawings and sometimes accompanied by poems, I was able to share the artist's thoughts, day by day, as his diary revealed the focus of his attention at any given moment. I was given the opportunity to discover his world and to understand his relationship with an environment which constantly affects his creative work.

Day after day and from one season to the next, he works with passion. His diary describes his artistic endeavours, tells his thoughts and gives constant impulse to his evolving life. The paintings themselves are meant for the public at large: anyone capable of feeling is readily moved by Simard's renditions of colours and outlines.

I hope to participate in this adventure into creativity, to feel the anxieties and the enthusiasm of the artist at work.

"Although one paints for oneself and not for someone else, still I must confess a certain pleasure in what I think are honest reactions. Yet I know very well that a painter's pleasure doesn't come from outside but from within himself. Selfish pleasure, slight and fleeting."

Diary, April 12, 1983.

Most of the paintings reproduced in this book cover a key-period in the painter's life: the decisive years when Simard made important decisions concerning his life as an artist. A period during which he put aside a career devoted primarily to ways of illustrating someone else's message and decided to dedicate himself to the ways of expressing his own thoughts and feelings. A period during which he left the field of graphic arts, liberated himself, so to speak, in order to spend more time painting and teaching visual arts at Laval University.

It's in May of 1984 that Simard resolved to spend most of his time, perhaps his entire life to painting, to giving artistic forms to his inner life. After ten years spent in graphic design, creative painting and teaching, after so many lucrative years in these fields, why the irresistible will to change all that?

"A graphic illustrator has nothing to say. He listens. He translates. From word to illustration. From someone else's words to someone else's illustration. I'm not meant for that sort of work. I have nothing to "do" here. I listen as best I can but illustrate badly. I distort; the painter in me takes over, becomes overwhelming. Artistic gestures and rituals dominate any other consideration."

Diary, April 25, 1983.

Painting had thus insidiously overtaken all other forms of consideration. Painting appeared in its true light, promising freedom, laden, as always, with new risks and fresh emotions.

Simard has made his choice and invites you to partake in this choice by witnessing the evolution of his paintings throughout these past years.

Devoting himself entirely to painting didn't however mean that Simard was abandoning teaching. Teaching has remained a vital element in his creative process. Instilling in his students the desire to express themselves, to develop their spontaneity, to experience freedom of action and of expression nurtures in turn his own thoughts. As with his diary, which allows him to organize and structure his ideas, teaching stimulates his mind.

As a teacher he is forced to develop and maintain constant contact with the world around him, to reach beyond the limits of his immediate environment. Teaching is stimulating work. Like a sculptor, he shows his students ways to discover dominant characteristics, to develop particular strengths, to emphasize and express certain forms. He directs students, helps them discover their individual characteristics, their personal strong points.

Simard translates the realities of his every day experiences into his work. And his skills thrive on restraints; the talented graphic designer who must respect the other person's point of view, has developed a method which has shaped his artistic world. He has patiently, learnedly, conquered his freedom, that eternal dream always so fleeting in our modern world. His work as a graphic illustrator has served to strengthen his art, to mold his thoughts and to direct his work until 1984.

The works produced during that period offer the vision of a chronicler in search of a greater, broader, freedom with which to explore a world without limits. Before 1984 then, the painter tried to break the bonds of customer orders, to free himself from the vagaries of work directed from outside, to find at last the means of self-expression, with no strings attached, with no middle person, without censure. He paints scenes of ordinary life, scenes that tell a story. He explores forms and colours, gives them balance, defines them. He often uses a figurative style. In the manner of the historian, of the archivist, of the photographer, he stores images, accumulates pictures; in brief, he documents himself.

This long apprenticeship will enable Simard to acquire the freedom of expression and creation so dear to an artist. His subjects are diverse, all at once poetic, historical, happy and at times nostalgic. He observes and registers images of daily, ordinary life.

"A photograph in itself isn't worth anything: it's the whole that is interesting, the evolution, the continuum, the changes, all things which become visible when they are organized."

Diary, January 14 and 15, 1983.

Every experience fascinates him. What is important, is to be attentive, to let oneself be slowly penetrated by what will be the source some day of freer, less illustrative, more emotional work. He moves on relentlessly, starting over, rediscovering experiences or seeking new ones. This manner of doing, seeing, observing is well described in certain paragraphs of his diary:

" ... the artist that doesn't experiment might as well put his brushes aside."

Diary, January 7, 1989.

Painting becomes rapidly an obsession. There is never enough time for painting. The collection of images gathered day after day during his years as a graphic designer, serving business and institutions, as well as his considerable personal experiences, give him the confidence needed to break his ties with a professional life where the absence of freedom hampered his inspiration. Nevertheless, these years of artistic apprenticeship will have served to blaze the path the artist would follow. The works of this period already foretell his later works. As early as 1984, new themes are elaborated, a more spontaneous creativity appears, long nurtured and wisely matured by daily experiences. The graphic arts, precarious at best as a source of personal and intimate expression, will be replaced by the daily relationships between the painter and his inner world.

Teaching will force Simard to test his new-found artistic intimacy with the vivacity and the ingenuity of inexperienced students, students who question their teacher and observe his works. They expect him to inspire them as they learn professional and artistic skills. He shows them the importance of spontaneity, originality, daring and risk taking. His students learn to observe, to question and to discover themselves.

Before this decisive turning point in his career, Simard's works could be seen by the public as early as 1974 thanks to solo exhibitions in Quebec City, Montreal and Ottawa.

During this period, Simard produced several silk-screens and murals, the Imperial Oil Company mural, for example, commissioned in 1982 for its Head Office in Montreal. Another important work produced by the graphic designer and painter is a series of five large murals commissioned by Park Canada to illustrate the history of Fort Chambly, Quebec.

During this stage of his career, his talents were acclaimed by the award, in 1972, of a first prize in the Trademark Category, a contest held by Le Gala de la Publicité de l'Est du Québec. Other graphic designs were selected for showing in two exhibitions, one of which travelled throughout Canada and the other reaching Milan, Italy. Simard is a full member of the Royal Academy of Canada since 1983.

1984, then, marks a turning point, the beginning of a new life. Since then, painting and teaching are his sole preoccupation. Let's take a closer look now at the point in time where he has brought himself.

■ ■ ■

To comment the work of a painter has always been a hasardous task. To begin, the critic should never attempt to reduce the painter's inner life into so many "cute" phrases. Inner life can never be fully understood.

Now that he has "created for himself the proper conditions for painting", as he says, Simard finds inspiration in the stable, secure environment he knows well, in a familiar world where relationships between people and things are well established.

"I'm not fond of the ephemeral. I can fully appreciate only that which endures, which is made to last."

Diary, May 16, 1989.

Stability and fidelity are indispensable factors in allowing emotion to serve as a means of artistic expression. His studio, his house, his garden are his favourite places to work freely; familiar, tamed environments, points of references which provide greater freedom.

The private garden, with all its flowers, is a hallowed place, full of life, a unique framework to feel matter, to revel in the changing patterns of light, to celebrate the passing of time and of seasons. Simard's sources of inspiration, his strongest emotions, flow from the heart of his daily, ordinary environment, in the magnificent world created by a piece of sky surrounded by tree tops.

Simard needs to be in contact with nature. He loves planting flowers, "playing in the garden", as he says. This inspiration in Nature which fills him with wonder has become one of his favourite subjects and has opened wide the door to freedom. It is difficult to imagine his work outside of this familiar setting, this nest where his creativity is nurtured. It is here that he rediscovers personal aspirations and forgotten emotions, where he lives to the rhythm of nature, from one season to the next, reinterpreting everyday life, away from turmoil, in his solitude.

His diary has made me know him better, to better understand his environment, to discover his sources of inspiration. I shall try to share this understanding with the reader rather than – and Simard agrees – present a retrospective of his work.

An artist always invites viewers to a discovery in inner space where a great deal of emotions can be felt and where experiment plays a major role. Routine has no part to play in the creative process. Uncertainty always prevails during the first daubs of paint on the canvas. The artist takes risks, constantly looking in himself for the most authentic images haunting his imagination.

"When one has mastered the subject after having studied it, drawn it, one can put aside all the drawings and paint by memory from the heart."

Diary, January 20, 1988.

Just as a writer avidly seeks memories which have moved him, so the painter recalls exceptional moments he wants to translate into his own particular language.

"I can only paint what's in my soul. A painting portrays a state of soul, so to speak, at a given moment.[3]"

After a period of anxiety and dissatisfaction with his work, Simard noted in his diary, as if to deliver himself from anguish, to recover his self-confidence:

How difficult it is to give substance to the mind's visions ... but reality is always imperfect, incoherent, conditioned by the instability of matter, by the degree of tolerance of he or she who shapes it. One should only create in the mind!

Diary, December 22, 1987.

Come what may, Simard takes risks, makes decisions, interprets his emotions and shows them on canvas. Freely, letting nothing hold him back, he dives into a world where intense emotions neighbour uncertainty. He must constantly start over, constantly search, constantly attempt to rediscover. There's no place for routine, for monotony. The inexorable rhythm of the four seasons reveals change as an inexhaustible source of life. How can a new vision be shaped, despair be overcome, surging images be controlled?

"Whatever the object sought by the artist, the final result on canvas remains an object, an individualized thing, totally separated from inspiration. And this object will be perceived in a different context from the one in which it was created."

Diary, March 3, 1987.

This observation helps understand the painter's desire to guard and protect the inner source which nurtures his work although the artist cannot escape the fact that his paintings publicly reveal something about himself.

But it can also be noted that Simard tries to reduce, to limit the public's ability to perceive the live forces at work in his inner self and which underlay his paintings. Is this because of his modesty?, of fear? I think rather that we must recognize the existence of borders that protect an inner space belonging only to the artist.

"Art belongs to whomever looks at it ... I no longer associate art with the idea of a message. I don't believe in art with an explanation. I find it useless to translate paintings into words.[4]"

Obviously, a painter doesn't have to justify himself: he creates, imagines, invents. His artistic endeavours express his inner self. His quests, his different expressions of himself are voluntarily set above and beyond the often fleeting values of trends and styles. He hopes to express values which transcend time and fashions in spite of

3. Louis Bruens, *Trente peintres figuratifs du Québec*, Éditions du Trécarré, 1985, p. 157.

4. Louis Bruens, *Trente peintres figuratifs du Québec*, Éditions du Trécarré, 1985, p. 157.

attempts by the establishment to tag his works. One must look at his work and resist the urge to explain.

Historical themes, scenes from daily life, old houses, flowers, boats and what else were among the first subjects he explored in his earlier paintings. Eventually, his work took more intimate directions, found new sources of inspiration: in his own house, in his garden, in the town where he lives.

The seasonal cycle of nature exerts a persistent influence on Simard. He hates November and the long Winter months. He impatiently waits for the arrival of Spring, the season he prefers, and Summer. During these months, it's in the simple and familiar world of his garden that he can satisfy his unrelinquishing thirst for colours and light and where the most beautiful images appear before his eyes. These images will fill his mind and be the source of a whole series of paintings, radiant and soft.

"For several days, perhaps weeks now, I've been dissatisfied with everything I've painted. This dissatisfaction destroys the peace of mind I need to paint in ways that please me. A vicious circle. I must go back inside myself and at the same time go back to nature for the inspiration I lack."

Diary, August 1985.

Nature which stimulates him, to which he must turn for inspiration, actually affords him the opportunity to experiment with forms, to make colours vibrate and to capture light. A familiar object such as a flower pot on a window sill gives him all the latitude he needs to express joy, freedom and emotion. Colours, the very symbol of life and hope, then take on magic meanings in Simard's paintings, simple in terms of their subject but complex in their contrasting colours.

Whatever the subject: his indoor plants, scenes in his garden or scenes from outside his immediate environment, Simard doesn't simply make photographic reproductions of geraniums, tulips and zinnias: he wants to put on canvas what he feels when he looks at them. So that looking at a painting and seeing lush vegetation, protected from the rigors of Winter in a warm room, one not only senses the powers of the sun shining through the window but also senses that these flowers say something of man's quest for eternity.

"Colour doesn't come in tubes. Colour is in the mind."

Diary, January 6, 1987.

Sometimes the flowers are on a table or on the piano, waiting for Summer to welcome them outdoors again. But it's always the same poetry of colours, the same harmony of nuances, the same vivaciousness of the painter's rendition of these flowers in an outdoor setting.

These same flowers are sometimes shown in wilder surroundings: in an underbrush, in a forest. There they are, patches of colour, at the foot of tall, slender trees. The subject is shown in a different environment, but it projects the same feeling of serenity.

Let us leave the forest now and return to the artist's garden, a well-kept, groomed, protected, clearly outlined and peaceful garden: the painter's "pride and joy". It is here, without doubt, in the shade of his house, close to his family, that Simard bathes in the peaceful atmosphere, in the serenity which characterizes his paintings.

The garden, protected by a wooden fence, is made up of several sections, bordered by a series of low walls, paths and flower beds, and the whole atmosphere speaks of serenity and the joy of living. In the background of this luxuriant vegetation with its fluid colours of lilac, orange and pink, the slanting roof of a neighbouring house or the curving lines of a mountain can be seen. A multiple garden of sunflowers, phlox, delphiniums and dahlias, each section different from the other and each producing a breath of fresh air.

Some of Simard's paintings are entirely made up of flowers. They burst out with sun-filled colours and yet their harmony and balance are never threatened. It's like a dance of colour, life and emotion.

I wouldn't forgive myself if I neglected to mention here Simard's interpretation of fields of tulips he saw in Holland. He was impressed by the immense checkerboard fields stretching out endlessly to the horizon and faithful to his imagination he conveyed in vibrant bursts of colour his recollection of these fields, of that particular moment and the deep-felt emotions this scene aroused in him.

As we have seen, Simard sometimes leaves his home and garden in order to paint scenes of life in the city: streets in Old Quebec City, city houses, church steeples, excited children leaving school, prep schoolgirls in a public park. These scenes are painted like bouquets of flowers, like a pyramid of regrouped elements where small blots of colour contrast with the dominant grey tones of the city.

In closing, I would like to draw attention to a particular aspect of Simard's recent work. Since 1988, the artist has introduced people, most often women, into his familiar world of flowers. Colours continue to define forms and remain his prime mode for the expression of emotions. The presence of these anonymous women, most often shown in romantic and passive postures, adds an element of intensity to the emotional tenure of the painting. The presence of these women, of this tenderness, brings new life to Simard's paintings. Women and flowers combine to enhance the vitality of life.

Since 1984, Simard's work has spread throughout Canada. Art lovers have had the opportunity to see his work in Quebec City, Montreal, Ottawa, Toronto, Calgary, and Edmonton. His paintings are part of the collections of a great number of companies and institutions. They can also be seen in several galleries.

Simard's work deserves more than a passing glance. It's an adventure, an invitation to dream and ponder. His thoughts, his conception of art, help to appreciate his work. Go along with him and share his search for freedom and strong emotions.

Signes avant-coureurs, 1987
91.4 x 76.2 cm

Glaïeuls de février, 1986
91.4 x 76.2 cm

Le vase noir, 1985
60.9 x 45.7 cm

La nappe rose, 1986
76.2 x 91.4 cm

Early Bloom, 1986
76.2 x 91.4 cm

Lilas sur table bleue, 1984
76.2 x 76.2 cm

Bouquet sur table, 1986
91.4 x 91.4 cm

Still Life with Simone's Chair, 1990
76.2 x 91.4 cm

Intérieur bleu, 1985
76.2 x 91.4

Géranium de l'atelier, 1986
91.4 x 45.7 cm

Morning Gladiolus, 1986
91.4 x 45.7 cm

Un bouquet de Rose-Mélanie, 1985
91.4 x 45.7 cm

Couleurs de juillet, 1985
91.4 x 40.6 cm

Le plat de fruits, 1984
60.9 x 60.9 cm

Still Life with Tulips, 1990
76.2 x 91.4 cm

Nature morte à la chaise, 1986
91.4 x 132 cm

Intérieur aux tulipes, 1987
76.2 x 60.9 cm

Nature morte aux tulipes jaunes, 1988
76.2 x 60.9 cm

Delphinium in September, 1987
91.4 x 76.2 cm

Winter Colors, 1990
121.9 × 91.4 cm

Familiar Objects, 1990
91.4 × 132 cm

Les deux fenêtres, 1986
60.9 x 121.9 cm

Parfum de souvenirs, 1987
106.6 x 91.4 cm

Narcisses de Constantinople, 1987
91.4 x 76.2 cm

Les géraniums, 1980
60.9 x 50.8 cm

Géranium sur table ronde, 1983
60.9 x 50.8 cm

L'intérieur tranquille, 1989
91.4 x 106.6 cm

Premiers signes, 1990
76.2 x 91.4 cm

So Much for Winter, 1987
76.2 x 91.4 cm

Tulips in Winter, 1987
76.2 x 91.4 cm

Marché de fleurs #3, 1986
76.2 x 91.4 cm

Marché aux fleurs d'Amsterdam, 1987
101.6 x 152.4 cm

Bloemen Markt #3, 1989
91.4 x 132 cm

Hollandaise #5, 1986
132 x 91.4 cm

Getting into the Mad Colors of Spring, 1988
76.2 x 91.4 cm

Warming up, 1988
101.6 x 152.4 cm

The Young Apple Tree, 1989
91.4 x 106.6 cm

Spring Morning, 1988
91.4 x 132 cm

At Long Last, 1987
91.4 x 132 cm

Le cher jardin Bon Accueil, 1988
91.4 x 132 cm

Jardin aux peupliers, 1986
91.4 x 76.2 cm

Summer Light, 1989
91.4 x 132 cm

Au temps des pavots et delphiniums, 1989
76.2 x 60.9 cm

Parfums et volupté, 1987
60.9 x 91.4 cm

Les grands arbres du vieux Québec, 1982
76.2 x 60.9 cm

Bouleaux, 1984
76.2 x 76.2 cm

Bois en automne, 1989
76.2 x 91.4 cm

Vermont #1, 1986
91.4 x 106.6 cm

Walking to the Lake, 1985
91.4 x 121.9 cm

Octobre dans les Appalaches, 1989
91.4 x 132 cm

Il pleut sur le jardin, 1990
91.4 x 106.6 cm

Springtime in a Garden of Hope, 1990
91.4 x 121.9 cm

Places by the Water, 1988
60.9 x 91.4 cm

The Country Garden, 1988
91.4 x 121.9 cm

Les oies de Cap-Tourmente, 1987
45.7 x 60.9 cm

Color Crazies VI, 1989
91.4 x 76.2 cm

Summering, 1988
60.9 x 91.4 cm

Octobre en fête, 1989
91.4 x 106.6 cm

Fenêtre sur le vieux Québec, 1986
91.4 x 76.2 cm

Le jour de la jonquille, 1988
76.4 x 91.4 cm

Au temps des balles de neige, 1989
91.4 x 106.6 cm

Au temps des bourgeons, 1989
121.9 x 91.4 cm

Dimanche après-midi, 1975
60.9 x 76.2 cm

Rue Hamel, 1984
60.9 x 76.2 cm

La côte de la Montagne, 1975
50.8 x 101.6 cm

Septembre au Vieux-Québec, 1988
60.9 x 91.4 cm

Manoeuvre, 1980
50.8 x 101.6 cm

Le marin, 1981
40.6 x 50.8 cm

Village de la Rive-Sud, 1984
60.9 x 121.9 cm

CLAUDE A. SIMARD '84

La véranda, 1982
60.9 x 121.9 cm

Vivre à la campagne, 1980
38.1 x 76.2 cm

Poppies in June, 1988
91.4 x 121.9 cm

The Garden Gate, 1988
91.4 x 132 cm

Au retour du village, 1987
91.4 x 76.2 cm

La muse s'amuse au jardin, 1989
91.4 x 121.9 cm

Intérieur printanier, 1990
76.2 x 91.4 cm

Quand le printemps t'habille de lumière, 1989
91.4 x 106.6 cm

Tendresse, 1988
50.8 x 60.9 cm

Femme blonde et folles fleurs, 1989
91.4 x 106.6 cm

Aimée, 1987
91.4 x 60.9 cm

Femme blonde au bouquet, 1987
91.4 x 76.2 cm

Claude A. Simard, AOCA, RCA

Biographie

Claude A. Simard est né à Québec le 9 juillet 1943.

En 1962, il s'inscrit au Ontario College of Art de Toronto où il poursuit durant quatre ans des études en communication visuelle. Au printemps 1966, il est reçu « Associate of the Ontario College of Art ».

À l'été de 1965, il effectue un stage d'études de trois mois avec le groupe design de la British Motors Corporation, à Birmingham, en Angleterre.

De 1966 à 1973, il a été responsable du secteur « communications et design » de la Maison Simons.

En 1969, il séjourne en France et en Suisse; en 1971, en Allemagne et au Danemark.

Il a fondé le Groupe Communikart en 1973 et a dirigé son équipe jusqu'en 1984.

En 1984, il met fin à sa carrière de graphiste pour se consacrer à la peinture et à l'enseignement. Il est actuellement professeur titulaire à la Faculté des arts de l'Université Laval.

Peinture

Expositions solos

1974	Galerie Zanettin, Québec
1975	Musée du Québec, Québec
1976	Galerie Zanettin, Québec
1978	Galerie Clarence Gagnon, Montréal
1980	Studio La Folie des Arts, Montréal
1982	Galerie Vincent, Ottawa
1985	Hollander York Gallery, Toronto
1985	Galerie Lacerte-Guimont, Québec
1986	Galerie Walter Klinkhoff, Montréal
1987	Hollander York Gallery, Toronto
1987	Galerie Vincent, Ottawa
1988	Galerie Walter Klinkhoff, Montréal
1989	Hollander York Gallery, Toronto.

Réalisations spéciales

Murale/Compagnie pétrolière Impériale Ltée
En 1982, Claude A. Simard crée la murale « Aval et amont » (18' x 45') pour le hall d'entrée de Esso, au 1981, McGill College, Montréal.

Murales/Parcs Canada, Fort Chambly
En 1982-1983, Claude A. Simard exécute une série de cinq murales historiques dans le cadre du concept d'interprétation intégré au Fort Chambly. Ces murales traitent d'événements reliés à l'histoire de Chambly. Leurs dimensions sont d'environ 14' x 6'.

Design et illustration de timbres-poste
Claude A. Simard est l'auteur d'une série de trois timbres-poste émis par la Société canadienne des postes à l'occasion de Noël 1983 et d'une autre série de quatre timbres-poste émis à l'occasion de Noël 1987.

Série/Peintres du Canada éditée par Hallmark Canada
Auteur d'une carte de souhaits à l'occasion de Noël

Principales collections

Alcan
Argus Corporation
Banque ABN du Canada
Banque nationale de Paris
Banque Royale du Canada
Bombardier inc.
Canada Steamship Lines
Canderel Limited
Confédération des caisses Desjardins
Consolidated Bathurst
Eastern Construction
Esso Ressources Canada Ltd
Gulf Canada Ressources inc.
Hydro-Québec
Industrielle-Alliance
Investors Group
La Laurentienne
Les tapis Peerless
Logistec
Montréal Trust
Musée national des Postes du Canada
Roche ltée
S.N.C. inc.
Société Sofati-Soconav
Standard Life
Téléglobe Canada
Ville de Québec
Ken Thomson Corporation

Représentation dans les galeries

Calgary	La Galerie Masters
Edmonton	Galerie West End
Montréal	Studio La Folie des Arts
	Galerie Walter Klinkhoff
Québec	Galerie Madeleine-Lacerte
Toronto	Galerie Roberts

Associations professionnelles

Académie royale des Arts du Canada
Académicien depuis 1983
Membre du conseil d'administration

CARFAC (Canadian Artist Representation)
Membre depuis 1983

New York Society of Illustrators
Membre élu en 1977

Société des graphistes du Québec
Membre
Conseil d'administration de 1974 à 1976
Membre fondateur en 1974.